ORAISON FUNEBRE
DE
MARIE TERESE D'AUSTRICHE,
INFANTE D'ESPAGNE, REINE DE FRANCE ET DE NAVARRE.

Prononcée à Saint Denis le premier de Septembre 1683.

Par Messire JACQUES BENIGNE BOSSUET, Evesque de Meaux, Conseiller du Roy en ses Conseils, cy-devant Précepteur de Monseigneur le DAUPHIN, Premier Aumosnier de Madame la DAUPHINE.

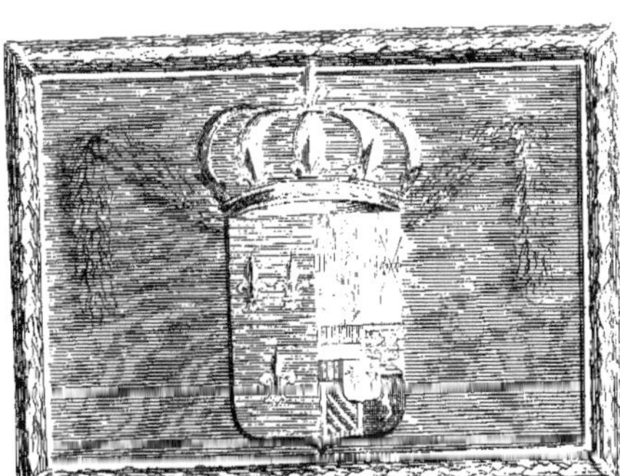

A PARIS,
Chez SEBASTIEN MABRE-CRAMOISY, Imprimeur du Roy, ruë Saint Jacques, aux Cicognes.

M. DC. LXXXIII.
AVEC PRIVILEGE DE SA MAJESTÉ.

ORAISON FUNEBRE
DE
MARIE TERESE D'AUSTRICHE,
INFANTE D'ESPAGNE, REINE DE FRANCE ET DE NAVARRE.

Sine macula enim sunt ante thronum Dei. *Apoc. 14. 5.*

Ils sont sans tache devant le thrône de Dieu.
Paroles de l'Apostre Saint Jean dans sa révelation, chap. 14.

MONSEIGNEUR,

Quelle assemblée l'Apostre Saint Jean nous fait paroistre ! Ce grand Prophete nous ouvre le Ciel, & noſtre Foy y découvre *ſur la ſainte montagne de Sion*, dans la partie la plus élevée de la Jeruſalem bien-heureuſe, l'Agneau qui oſte le peché du monde, avec une compagnie digne de luy. C'eſt ceux dont il eſt écrit au commen-

Apoc. 3. 4. cement de l'Apocalypſe : *Il y a dans l'Egliſe de Sardis un petit nombre de Fideles, pauca nomina, qui n'ont pas ſoüillé leurs veſtemens:* ces riches veſtemens dont le Bapteſme les a reveſtus; veſtemens qui ne ſont rien moins que Jeſus-Chriſt meſme,

Gal. 3. 27. ſelon ce que dit l'Apoſtre : *Vous tous qui avez eſté baptiſez, vous avez eſté reveſtus de Jeſus-Chriſt.* Ce petit nombre cheri de Dieu pour ſon innocence & remarquable par la rareté d'un don ſi exquis, a ſceû conſerver ce précieux veſtement, & la grace du Bapteſme. Et quelle ſera la récompenſe d'une ſi rare fidelité? Ecoutez

Apoc. 3. 4. parler le Juſte & le Saint: *Ils marchent*, dit-il, *avec moy, reveſtus de blanc, parce qu'ils en ſont dignes;* dignes par leur innocence de porter dans l'éternité la livrée de l'Agneau ſans tache, & de marcher toûjours avec luy, puis que jamais ils ne l'ont quitté depuis qu'il les a mis dans sa compagnie : ames pures & innocentes; *ames vierges*, comme les appelle Saint Jean, au mesme sens que Saint Paul disoit à tous les Fideles de Corinthe : *Je vous ay promis, comme une vierge pudique, à un seul homme, qui est Jesus-Christ.* La vraye chasteté de l'ame, la vraye pudeur chrestienne est de rougir du peché, de n'avoir d'yeux ni d'amour que pour Jesus-Christ, & de tenir toûjours ses sens épurez de la corruption du siecle. C'est dans cette troupe innocente & pure que la REINE a esté placée : l'horreur qu'elle a toûjours eû du peché luy a merité cét honneur. La Foy qui pénetre jusqu'aux Cieux nous la fait voir aujourd'huy dans cette bienheureuse compagnie. Il me semble que je reconnois cette modestie, cette paix, ce recueïllement que nous luy voyions devant les Autels, qui inspiroit du respect pour Dieu & pour elle : Dieu ajouste à ces saintes dispositions le transport d'une joye celeste. La mort ne l'a point changée, si ce n'est qu'une immortelle beauté a pris la place d'une beauté

Ibid. 14. 4.

2. Cor. 11. 2.

changeante & mortelle. Cette éclatante blancheur, symbole de son innocence & de la candeur de son ame, n'a fait, pour ainsi parler, que passer au dedans où nous la voyons rehaussée d'une lumiere divi-
Apoc. 3. 4. ne. *Elle marche avec l'Agneau, car elle en est digne.* La sincerité de son cœur sans dissimulation & sans artifice la range au nombre de ceux dont Saint Jean a dit dans les paroles qui précedent celles de mon
Ibid. 14. 5. texte, que *le mensonge ne s'est point trouvé en leur bouche*, ni aucun déguisement dans leur conduite: *ce qui fait qu'on les voit sans tache devant le thrône de Dieu. Sine macula sunt enim ante thronum Dei.* En effet, elle est sans reproche devant Dieu & devant les hommes: la médisance ne peut attaquer aucun endroit de sa vie depuis son enfance jusqu'à sa mort; & une gloire si pure, une si belle réputation est un parfum précieux qui rejoûït le Ciel & la terre.

MONSEIGNEUR, ouvrez les yeux à ce grand spectacle. Pouvois-je mieux essuyer vos larmes, celles des Princes qui vous environnent, & de cette Auguste Assemblée, qu'en vous faisant voir au milieu de cette troupe resplendissante, & dans cét état glorieux une Mere si cherie & si regretée? LOUIS mesme, dont la constance ne peut vaincre ses justes douleurs, les trouveroit plus traitables dans cette pensée. Mais ce qui doit estre vostre unique consolation, doit aussi, MONSEIGNEUR, estre vostre exemple; & ravi de l'éclat immortel d'une vie toûjours si reglée, & toûjours si irreprochable, vous devez en faire passer toute la beauté dans la vostre.

Qu'il est rare, CHRESTIENS, qu'il est rare encore une fois, de trouver cette pureté parmi les hommes! mais sur tout, qu'il est rare de la trouver parmi les Grands! *Ceux que vous voyez revestus d'une robe blanche, ceux-là,* dit Saint Jean, *viennent d'une grande affliction, de tribulatione magna;* afin que nous entendions que cette divine blancheur se forme ordinairement sous la croix, & rarement dans l'éclat trop plein de tentation, des grandeurs humaines. *Apoc. 7. 13. 14.*

Et toutefois il est vray, MESSIEURS, que Dieu, par un miracle de sa Grace, se plaiſt à choiſir parmi les Rois, de ces ames pures. Tel a eſté Saint Louïs, toûjours pur & toûjours ſaint dés ſon enfance, & MARIE TERESE ſa fille a eû de luy ce bel héritage.

Entrons, MESSIEURS, dans les deſſeins de la Providence, & admirons les bontez de Dieu qui ſe répandent ſur nous & ſur tous les peuples dans la prédeſtination de cette Princeſſe. Dieu l'a élevée au faiſte des grandeurs humaines, afin de rendre la pureté & la perpetuelle régularité de ſa vie plus éclatante & plus exemplaire. Ainſi ſa vie & ſa mort également pleines de ſainteté & de grace, deviennent l'inſtruction du genre humain. Noſtre ſiecle n'en pouvoit recevoir de plus parfaite, parce qu'il ne voyoit nulle part dans une ſi haute élevation une pareille pureté. C'eſt ce rare & merveilleux aſſemblage que nous aurons à conſiderer dans les deux parties de ce diſcours. Voicy en peu de mots ce que j'ay à dire de la plus pieuſe des Reines, & tel eſt le digne abregé de ſon éloge : Il n'y a rien que d'auguſte dans ſa perſonne, il n'y a rien que de pur dans sa vie. Accourez peuples : venez contempler dans la premiere place du monde la rare & majestueuse beauté d'une vertu toûjours constante: Dans une vie si égale, il n'importe pas à cette Princesse où la mort frape ; on n'y voit point d'endroit foible par où elle pust craindre d'estre surprise : toûjours vigilante, toûjours attentive à Dieu & à son salut, sa mort si précipitée & si effroyable pour nous, n'avoit rien de dangereux pour elle. Ainsi son élevation ne servira qu'à faire voir à tout l'Univers, comme du lieu le plus éminent qu'on découvre dans son enceinte, cette importante verité : qu'il n'y a rien de solide ni de vrayment grand parmi les hommes que d'éviter le peché, & que la seule précaution contre les attaques de la mort, c'est l'innocence de la vie. C'est, MESSIEURS, l'instruction que nous donne dans ce tombeau, ou plustost du plus haut des Cieux, TRES-HAUTE, TRES-EXCELLENTE, TRES-PUISSANTE, ET TRES-CHRESTIENNE PRINCESSE MARIE TERESE D'AUSTRICHE,

INFANTE D'ESPAGNE, REINE DE FRANCE ET DE NAVARRE.

JE n'ay pas beſoin de vous dire que c'eſt Dieu qui donne les grandes naiſſances, les grands mariages, les enfans, la poſterité. C'eſt luy qui dit à Abraham :
Gen. 17. 6. *Les Rois ſortiront de vous*, & qui fait dire
2. Reg. 7. 2. par ſon Prophete à David : *Le Seigneur*
Act. 17. 24. 26. *vous fera une maiſon. Dieu qui d'un ſeul homme a voulu former tout le genre humain*, comme dit Saint Paul, & de cette ſource commune *le répandre ſur toute la face de la terre*, en a veû & prédeſtiné dés l'éternité les alliances & les diviſions, *marquant les temps*, pourſuit-il, *& donnant des bornes à la demeure des peuples*, & enfin un cours reglé à toutes ces choſes. C'eſt donc Dieu qui a voulu élever la Reine par une auguſte naiſſance à un auguſte mariage, afin que nous la viſſions honorée au deſſus de toutes les femmes de ſon ſiecle, pour avoir eſté cherie, eſtimée, & trop toſt, helas, regretée par le plus grand de tous les hommes !

Que je mépriſe ces Philoſophes, qui meſurant

mesurant les conseils de Dieu à leurs pensées ne le font auteur que d'un certain ordre général d'où le reste se dévelope comme il peut! Comme s'il avoit à nostre maniere des veûës générales & confuses, & comme si la souveraine Intelligence pouvoit ne pas comprendre dans ses desseins les choses particulieres qui seules subsistent veritablement. N'en doutons pas, CHRESTIENS: Dieu a préparé dans son conseil éternel les premieres familles qui sont la source des nations, & dans toutes les nations les qualitez dominantes qui en devoient faire la fortune. Il a aussi ordonné dans les nations les familles particulieres dont elles sont composées, mais principalement celles qui devoient gouverner ces nations, & en particulier dans ces familles tous les hommes par lesquels elles devoient ou s'élever, ou se soustenir, ou s'abbatre.

C'est par la suite de ces conseils que Dieu a fait naistre les deux puissantes Maisons d'où la Reine devoit sortir, celle de France & celle d'Austriche, dont il se sert pour balancer les choses humaines:

juſqu'à quel degré & juſqu'à quel temps, il le ſçait, & nous l'ignorons.

On remarque dans l'Ecriture que Dieu donne aux Maiſons Royales certains caracteres propres, comme celuy que les Syriens, quoy qu'ennemis des Rois d'Iſraël, 3. Reg. 20. 31. leur attribuent par ces paroles : *Nous avons appris que les Rois de la Maiſon d'Iſraël ſont clemens.*

Je n'examineray pas les caracteres particuliers qu'on a donnez aux Maiſons de France & d'Auſtriche : & ſans dire que l'on redoutoit davantage les conſeils de celle d'Auſtriche, ni qu'on trouvoit quelque choſe de plus vigoureux dans les armes & dans le courage de celle de France, maintenant que par une grace particuliere ces deux caracteres ſe rëüniſſent viſiblement en noſtre faveur, je remarqueray ſeulement ce qui faiſoit la joye de la Reine, c'eſt que Dieu avoit donné à ces deux Maiſons d'où elle eſt ſortie la pieté en partage ; de ſorte que *ſanctifiée*, qu'on m'entende bien, c'eſt-à-dire conſacrée à la ſainteté par ſa naiſſance ſelon la doctrine 1. Cor. 8. 14. de Saint Paul, elle diſoit avec cét Apoſ-

tre : *Dieu, que ma famille a toûjours servi,* 2.Tim. 1. 3.
& à qui je suis dédiée *par mes Ancestres. Deus cui servio à progenitoribus.*

Que s'il faut venir au particulier de l'auguste Maison d'Austriche, que peut-on voir de plus illustre que sa descendance immediate, où durant l'espace de quatre cens ans on ne trouve que des Rois & des Empereurs, & une si grande affluence de Maisons Royales, avec tant d'Etats & tant de Royaumes, qu'on a préveû il y a long-temps qu'elle en seroit surchargée ?

Qu'est-il besoin de parler de la Tres-Chrestienne Maison de France, qui par sa noble constitution est incapable d'estre assujetie à une famille étrangere : qui est toûjours dominante dans son Chef : qui seule dans tout l'Univers & dans tous les siecles se voit aprés sept cens ans d'une Royauté établie (sans compter ce que la grandeur d'une si haute origine fait trouver ou imaginer aux curieux observateurs des antiquitez) seule, dis-je, se voit aprés tant de siecles encore dans sa force & dans sa fleur, & toûjours en possession du

Royaume le plus illuſtre qui fut jamais ſous le ſoleil, & devant Dieu & devant les hommes : devant Dieu, d'une pureté inalterable dans la Foy ; & devant les hommes, d'une ſi grande dignité, qu'il a pû perdre l'Empire ſans perdre ſa gloire ni ſon rang ?

La Reine a eû part à cette Grandeur, non ſeulement par la riche & fiere Maiſon de Bourgogne, mais encore par Iſabelle de France ſa mere, digne fille de Henri le Grand, & de l'aveu de l'Eſpagne, la meilleure Reine, comme la plus regretée, qu'elle euſt jamais veûë ſur le thrône : triſte rapport de cette Princeſſe avec la Reine ſa fille. Elle avoit à peine quarante-deux ans quand l'Eſpagne la pleura ; & pour noſtre malheur la vie de MARIE TERESE n'a guéres eû un plus long cours. Mais la ſage, la courageuſe & la pieuſe Iſabelle devoit une partie de ſa gloire aux malheurs de l'Eſpagne, dont on ſçait qu'elle trouva le remede par un zele & par des conſeils qui ranimerent les Grands & les peuples, &, ſi on le peut dire, le Roy meſme. Ne nous plaignons pas,

CHRESTIENS, de ce que la Reine sa fille dans un état plus tranquille donne aussi un sujet moins vif à nos discours, & contentons-nous de penser que dans des occasions aussi malheureuses dont Dieu nous a préservez, nous y eussions pû trouver les mesmes ressources.

Avec quelle application & quelle tendresse Philippe IV. son pere ne l'avoit-il pas élevée? On la regardoit en Espagne non pas comme une Infante, mais comme un Infant; car c'est ainsi qu'on y appelle la Princesse qu'on reconnoist comme héritiere de tant de Royaumes. Dans cette veûë on approcha d'elle tout ce que l'Espagne avoit de plus vertueux & de plus habile. Elle se vit, pour ainsi parler, dés son enfance toute environnée de vertus; & on voyoit paroistre en cette jeune Princesse plus de belles qualitez qu'elle n'attendoit de couronnes. Philippe l'éleve ainsi pour ses Estats: Dieu qui nous aime la destine à LOUIS.

Cessez, Princes & Potentats, de troubler par vos prétentions le projet de ce Mariage. Que l'Amour qui semble aussi le vouloir troubler, cede luy-mesme. L'Amour peut bien remuer le cœur des Heros du monde; il peut bien y soulever des tempestes & y exciter des mouvemens qui fassent trembler les Politiques, & qui donnent des esperances aux insensez: mais il y a des ames d'un ordre superieur à ses loix, à qui il ne peut inspirer des sentimens indignes de leur rang. Il y a des mesures prises dans le Ciel qu'il ne peut rompre; & l'Infante non-seulement par son auguste naissance, mais encore par sa vertu & par sa réputation est seule digne de LOUIS.

Prov.19.14. C'estoit *la femme prudente qui est donnée proprement par le Seigneur*, comme dit le Sage. Pourquoy *donnée proprement par le Seigneur*, puis que c'est le Seigneur qui donne tout; & quel est ce merveilleux avantage qui merite d'estre attribué d'une façon si particuliere à la divine bonté? Il ne faut pour l'entendre que considerer ce que peut dans les Maisons la prudence temperée d'une femme sage pour les soustenir, pour y faire fleurir dans la pieté la veritable sagesse, & pour calmer des passions violentes qu'une résistance emportée ne feroit qu'aigrir.

Isle pacifique où se doivent terminer les differends de deux grands Empires à qui tu sers de limites : Isle éternellement mémorable par les Conferences de deux grands Ministres ; où l'on vit déveloper toutes les adresses & tous les secrets d'une politique si differente ; où l'un se donnoit du poids par sa lenteur, & l'autre prenoit l'ascendant par sa pénetration : auguste Journée où deux fieres nations longtemps ennemies, & alors réconciliées par MARIE TERESE s'avancent sur leurs confins, leurs Rois à leur teste, non plus pour se combatre, mais pour s'embrasser ; où ces deux Rois avec leur Cour d'une grandeur, d'une politesse, & d'une magnificence aussi-bien que d'une conduite si differente, furent l'un à l'autre & à tout l'Univers un si grand spectacle : Festes sacrées, Mariage fortuné, Voile nuptial, Benediction, Sacrifice, puis-je mesler aujourd'huy vos céremonies & vos pompes avec ces pompes funebres, & le comble des grandeurs avec leurs ruines ?

Alors l'Eſpagne perdit ce que nous gagnions : maintenant nous perdons tout les uns & les autres ; & MARIE TERESE perit pour toute la terre. L'Eſpagne pleuroit ſeule : maintenant que la France & l'Eſpagne meſlent leurs larmes, & en verſent des torrens, qui pourroit les arreſter ? Mais ſi l'Eſpagne pleuroit ſon Infante qu'elle voyoit monter ſur le thrône le plus glorieux de l'Univers, quels ſeront nos gemiſſemens à la veûë de ce tombeau, où tous enſemble nous ne voyons plus que l'inévitable néant des grandeurs humaines ? Taiſons-nous : ce n'eſt pas des larmes que je veux tirer de vos yeux. Je poſe les fondemens des inſtructions que je veux graver dans vos cœurs : auſſibien la vanité des choſes humaines tant de fois étalée dans cette chaire, ne ſe montre que trop d'elle-meſme ſans le ſecours de ma voix, dans ce Sceptre ſitoſt tombé d'une ſi royale main, & dans une ſi haute Majeſté ſi promptement diſſipée.

Mais ce qui en faiſoit le plus grand éclat n'a pas encore paru. Une Reine ſi grande par tant de titres, le devenoit tous

les

les jours par les grandes actions du Roy & par le continuel accroissement de sa gloire. Sous luy la France a appris à se connoistre. Elle se trouve des forces que les siecles précedens ne sçavoient pas: l'ordre & la discipline militaire s'augmentent avec les armées. Si les François peuvent tout, c'est que leur Roy est par tout leur Capitaine; & aprés qu'il a choisi l'endroit principal qu'il doit animer par sa valeur, il agit de tous costez par l'impression de sa vertu..

Jamais on n'a fait la guerre avec une force plus inévitable, puis qu'en méprisant les saisons, il a osté jusqu'à la défense à ses ennemis. Les soldats ménagez & exposez quand il faut, marchent avec confiance sous ses étendarts: nul fleuve ne les arreste, nulle forteresse ne les effraye. On sçait que LOUIS foudroye les villes plûtost qu'il ne les assiege, & tout est ouvert à sa puissance.

Les Politiques ne se meslent plus de deviner ses desseins. Quand il marche, tout se croit également menacé: un voyage tranquille devient tout-à-coup une expedition redoutable à ſes ennemis. Gand tombe avant qu'on penſe à le munir: LOUIS y vient par de longs détours; & la Reine qui l'accompagne au cœur de l'hyver, joint au plaiſir de le ſuivre celuy de ſervir ſecrettement à ſes deſſeins.

Par les ſoins d'un ſi grand Roy, la France entiere n'eſt plus, pour ainſi parler, qu'une ſeule fortereſſe qui montre de tous coſtez un front redoutable. Couverte de toutes parts, elle eſt capable de tenir la paix avec ſeûreté dans ſon ſein, mais auſſi de porter la guerre par tout où il faut, & de fraper de prés & de loin avec une égale force. Nos ennemis le ſçavent bien dire, & nos alliez ont reſſenti dans le plus grand éloignement, combien la main de LOUIS eſtoit ſecourable.

Avant luy, la France preſque ſans vaiſſeaux, tenoit en vain aux deux mers: maintenant on les voit couvertes depuis le Levant juſqu'au Couchant de nos Flotes victorieuſes, & la hardieſſe Françoiſe porte par tout la terreur avec le nom de LOUIS. Tu cederas, ou tu tomberas ſous ce vainqueur, Alger riche des dépouïlles de la

Chrestienté. Tu disois en ton cœur avare; Je tiens la mer sous mes loix, & les nations sont ma proye. La legereté de tes vaisseaux te donnoit de la confiance : mais tu te verras attaquée dans tes murailles, comme un oiseau ravissant qu'on iroit chercher parmi ses rochers & dans son nid, où il partage son butin à ses petits. Tu rends déja tes esclaves. LOUIS a brisé les fers dont tu accablois ses Sujets qui sont nez pour estre libres sous son glorieux Empire. Tes maisons ne sont plus qu'un amas de pierres. Dans ta brutale fureur tu te tournes contre toy-mesme, & tu ne sçais comment assouvir ta rage impuissante. Mais nous verrons la fin de tes brigandages. Les Pilotes étonnez s'écrient par avance, *Qui est semblable à Tyr? & toutefois elle s'est tuë dans le milieu de la mer ;* & la navigation va estre asseûrée par les armes de LOUIS. *Ezech. 27. 32.*

L'éloquence s'est épuisée à loüer la sagesse de ses loix & l'ordre de ses Finances. Que n'a-t-on pas dit de sa fermeté, à laquelle nous voyons ceder jusqu'à la fureur des Duels ? La sévere Justice de

LOUIS jointe à ſes inclinations bienfaiſantes fait aimer à la France l'autorité ſous laquelle heureuſement réünie elle eſt tranquille & victorieuſe. Qui veut entendre combien la raiſon préſide dans les conſeils de ce Prince, n'a qu'à preſter l'oreille quand il luy plaiſt d'en expliquer les motifs. Je pourrois icy prendre à témoin les ſages Miniſtres des Cours étrangeres, qui le trouvent auſſi convaincant dans ſes diſcours que redoutable par ſes armes. La nobleſſe de ſes expreſſions vient de celle de ſes ſentimens, & ſes paroles préciſes ſont l'image de la juſteſſe qui regne dans ſes penſées. Pendant qu'il parle avec tant de force, une douceur ſurprenante luy ouvre les cœurs, & donne je ne ſçay comment un nouvel éclat à la Majeſté qu'elle tempere.

N'oublions pas ce qui faiſoit la joye de la Reine. LOUIS eſt le rempart de la Religion : c'eſt à la Religion qu'il fait ſervir ſes armes redoutées par mer & par terre. Mais ſongeons qu'il ne l'établit par tout au dehors que parce qu'il la fait regner au dedans & au milieu de ſon cœur. C'eſt là qu'il abbat des ennemis plus terribles que ceux que tant de Puissances jalouses de sa grandeur, & l'Europe entiere pourroit armer contre luy. Nos vrais ennemis sont en nous-mesmes, & LOUIS combat ceux-là plus que tous les autres. Vous voyez tomber de toutes parts les Temples de l'Héresie : ce qu'il renverse au dedans est un sacrifice bien plus agréable; & l'ouvrage du Chrestien, c'est de détruire les passions qui feroient de nos cœurs un Temple d'Idoles. Que serviroit à LOUIS d'avoir étendu sa gloire par tout où s'étend le genre humain? Ce ne luy est rien d'estre l'homme que les autres hommes admirent : il veut estre, avec David, *l'homme selon le cœur de Dieu.* C'est pourquoy Dieu le benit. Tout le genre humain demeure d'accord qu'il n'y a rien de plus grand que ce qu'il fait, si ce n'est qu'on veüille compter pour plus grand encore tout ce qu'il n'a pas voulu faire, & les bornes qu'il a données à sa puissance. Adorez donc, O GRAND ROY, celuy qui vous fait regner, qui vous fait vaincre, & qui vous donne dans la victoire, malgré la fierté qu'elle inspire, des sentimens si moderez ! Puisse la Chrestienté ouvrir les yeux, & reconnoistre le vengeur que Dieu luy envoye. Pendant, ô malheur, ô honte, ô juste punition de nos pechez ! pendant, dis-je, qu'elle est ravagée par les Infideles qui pénetrent jusqu'à ses entrailles ; que tarde-t-elle à se souvenir & des secours de Candie, & de la fameuse Journée du Raab, où LOUIS renouvella dans le cœur des Infideles l'ancienne opinion qu'ils ont des armes Françoises fatales à leur tyrannie, & par des exploits inouïs devint le rempart de l'Austriche dont il avoit esté la terreur ?

Ouvrez donc les yeux, CHRESTIENS, & regardez ce Heros, dont nous pouvons dire, comme Saint Paulin disoit du Grand Theodose, que nous voyons en LOUIS, *non un Roy, mais un serviteur de Jesus-Christ, & un Prince qui s'éleve audessus des hommes plus encore par sa Foy que par sa Couronne. In Theodosio non Imperatorem, sed Christi servum, nec regno, sed fide Principem prædicamus.*

Paul. Ep. 9. ad Sev.

C'estoit, MESSIEURS, d'un tel Heros que MARIE TERESE devoit partager la gloire d'une façon particuliere, puis que non contente d'y avoir part comme compagne de son thrône, elle ne cessoit d'y contribuer par la perseverance de ses vœux.

Pendant que ce grand Roy la rendoit la plus illustre de toutes les Reines, vous la faisiez, MONSEIGNEUR, la plus illustre de toutes les Meres. Vos respects l'ont consolée de la perte de ses autres enfans. Vous les luy avez rendus : elle s'est veûë renaistre dans ce Prince qui fait vos délices & les nostres ; & elle a trouvé une fille digne d'elle dans cette auguste Princesse, qui par son rare mérite autant que par les droits d'un nœud sacré ne fait avec vous qu'un mesme cœur. Si nous l'avons admirée dés le moment qu'elle parut, le Roy a confirmé nostre jugement ; & maintenant devenuë, malgré ses souhaits, la principale décoration d'une Cour dont un si grand Roy fait le soustien, elle est la consolation de toute la France.

Ainsi nostre Reine, heureuse par sa

naiſſance, qui luy rendoit la pieté auſſi-bien que la grandeur comme héreditaire, par ſa ſainte éducation, par ſon mariage, par la gloire & par l'amour d'un ſi grand Roy, par le mérite & par les reſpects de ſes enfans, & par la vénération de tous les peuples, ne voyoit rien ſur la terre qui ne fuſt audeſſous d'elle. Elevez maintenant, ô Seigneur, & mes penſées & ma voix! Que je puiſſe repreſenter à cette auguſte Audiance l'incomparable beauté d'une ame que vous avez toûjours habitée, qui n'a
Eph. 4. 30. jamais *affligé voſtre Eſprit Saint*, qui ja-
Hebr. 6. 4. mais n'a perdu *le gouſt du don celeſte*; afin que nous commencions malheureux pecheurs à verſer ſur nous-meſmes un torrent de larmes, & que ravis des chaſtes attraits de l'innocence, jamais nous ne nous laſſions d'en pleurer la perte.

A la verité, CHRESTIENS, quand
Luc. 15. 4. 20. on voit dans l'Evangile la brebis perduë préferée par le bon Paſteur à tout le reſte du troupeau; quand on y lit cét heureux retour du Prodigue retrouvé, & ce tranſport d'un pere attendri qui met en joye toute

toute sa famille : on est tenté de croire que la penitence est préferée à l'innocence mesme, & que le Prodigue retourné reçoit plus de graces que son aisné, qui ne s'est jamais échapé de la maison paternelle. Il est l'aisné toutefois, & deux mots que luy dit son pere luy font bien entendre qu'il n'a pas perdu ses avantages : *Mon fils*, luy dit-il, *vous estes toûjours avec moy, & tout ce qui est à moy est à vous.* *Ibid. 31.* Cette parole, MESSIEURS, ne se traite gueres dans les chaires, parce que cette inviolable fidelité ne se trouve gueres dans les mœurs. Expliquons-la toutefois, puis que nostre illustre sujet nous y conduit, & qu'elle a une parfaite conformité avec nostre texte. Une excellente doctrine de Saint Thomas nous la fait entendre, & concilie toutes choses. Dieu témoigne plus d'amour au juste toûjours fidele ; il en témoigne davantage aussi au pecheur réconcilié ; mais en deux manieres differentes. L'un paroistra plus favorisé, si l'on a égard à ce qu'il est ; & l'autre, si l'on remarque d'où il est sorti. Dieu conserve au juste un plus grand don ; il retire le

pecheur d'un plus grand mal. Le juſte ſemblera plus avantagé, ſi l'on peſe ſon mérite ; & le pecheur plus cheri, ſi l'on conſidere ſon indignité. Le pere du Prodigue
Luc. 15. 31. l'explique luy-meſme : *Mon fils, vous eſtes toûjours avec moy, & tout ce qui eſt à moy eſt à vous* ; c'eſt ce qu'il dit à celuy à
Ibid. 32. qui il conſerve un plus grand don : *Il falloit ſe réjoüir parce que voſtre frere eſtoit mort, & il eſt reſſuſcité* ; c'eſt ainſi qu'il parle de celuy qu'il retire d'un plus grand abiſme de maux. Ainſi les cœurs ſont ſaiſis d'une joye ſoudaine par la grace ineſperée d'un beau jour d'hiver, qui aprés un temps pluvieux vient réjoüir tout d'un coup la face du monde ; mais on ne laiſſe pas de luy préferer la conſtante ſerenité d'une ſaiſon plus benigne : & s'il nous eſt permis d'expliquer les ſentimens du Sauveur par ces ſentimens humains, il s'émeut plus ſenſiblement ſur les pecheurs convertis, qui ſont ſa nouvelle conqueſte ; mais il réſerve une plus douce familiarité aux juſtes, qui ſont ſes anciens & perpetuels amis : puis que s'il dit, parlant du
Ibid. 22. Prodigue : *Qu'on luy rende ſa premiere*

robe, il ne luy dit pas toutefois : *Vous estes toûjours avec moy*; ou, comme Saint Jean le répete dans l'Apocalypse : *Ils sont toûjours avec l'Agneau, & paroissent sans tache devant son thrône. Sine macula sunt ante thronum Dei.* *Apoc. 14. 4. 5.*

Comment se conserve cette pureté dans ce lieu de tentations, & parmi les illusions des grandeurs du monde, vous l'apprendrez de la Reine. Elle est de ceux dont le Fils de Dieu a prononcé dans l'Apocalypse : *Celuy qui sera victorieux, je le feray comme une colonne dans le temple de mon Dieu. Faciam illum columnam in templo Dei mei.* *Apoc. 3. 12.* Il en sera l'ornement, il en sera le soustien par son exemple : il sera haut, il sera ferme. Voilà déja quelque image de la Reine. *Il ne sortira jamais du temple. Foras non egredietur amplius.* Immobile comme une colonne, il aura sa demeure fixe dans la maison du Seigneur, & n'en sera jamais separé par aucun crime. *Je le feray*, dit Jesus-Christ, & c'est l'ouvrage de ma grace. Mais comment affermira-t-il cette colonne ? Ecoutez, voicy le mystere : & *J'écriray dessus*, poursuit le

Sauveur : j'éleveray la colonne ; mais en meſme temps je mettray deſſus une inſcription mémorable. Hé, qu'écrirez-vous, ô Seigneur ! Trois noms ſeulement, afin que l'inſcription ſoit auſſi courte que magnifique. *J'y écriray*, dit-il, *le nom de mon Dieu, & le nom de la cité de mon Dieu la nouvelle Jeruſalem, & mon nouveau nom.* Ces noms, comme la ſuite le fera paroiſtre, ſignifient une foy vive dans l'interieur, les pratiques exterieures de la pieté dans les ſaintes obſervances de l'Egliſe, & la frequentation des ſaints Sacremens : trois moyens de conſerver l'innocence, & l'abregé de la vie de noſtre ſainte Princeſſe. C'eſt ce que vous verrez écrit ſur la colonne, & vous lirez dans ſon inſcription les cauſes de ſa fermeté : & d'abord : *J'y écriray*, dit-il, *le nom de mon Dieu*, en luy inſpirant une Foy vive. C'eſt, MESSIEURS, par une telle Foy que le nom de Dieu eſt gravé profondement dans nos cœurs. Une Foy vive eſt le fondement de la ſtabilité que nous admirons : car d'où viennent nos inconſtances, ſi ce n'eſt de noſtre Foy chancelante ? Parce que ce

Ibid.

fondement est mal affermi, nous craignons de bastir dessus, & nous marchons d'un pas douteux dans le chemin de la vertu. La Foy seule a de quoy fixer l'esprit vacillant; car écoutez les qualitez que Saint Paul luy donne : *Fides sperandarum substantia rerum. La Foy*, dit-il, *est une substance*, un solide fondement, un ferme soustien. Mais de quoy ? De ce qui se voit dans le monde. Comment donner une consistence, ou, pour parler avec Saint Paul, *une substance*, & un corps à cette ombre fugitive? La Foy est donc un soustien, mais des choses *qu'on doit esperer.* Et quoy encore? *Argumentum non apparentium : c'est une pleine conviction de ce qui ne paroist pas.* La Foy doit avoir en elle la conviction. Vous ne l'avez pas, direz-vous : j'en sçay la cause; c'est que vous craignez de l'avoir, au lieu de la demander à Dieu qui la donne. C'est pourquoy tout tombe en ruine dans vos mœurs, & vos sens trop décisifs emportent si facilement vostre raison incertaine & irrésoluë. Et que veut dire cette conviction dont parle l'Apostre, si ce n'est, comme Hebr. 11. 1.

2. Cor. 10. 5. il dit ailleurs, une ſoumiſſion de *l'intelligence entierement captivée* ſous l'autorité d'un Dieu qui parle? Conſiderez la pieuſe Reine devant les Autels; voyez comme elle eſt ſaiſie de la preſence de Dieu : ce n'eſt pas par ſa ſuite qu'on la connoiſt, c'eſt par ſon attention & par cette reſpectueuſe immobilité qui ne luy permet pas meſme de lever les yeux. Le Sacrement adorable approche : ha, la Foy du Centurion admirée par le Sauveur meſme, ne fut pas plus vive, & il ne dît pas plus humble-
Matth. 8. 8. 10. ment, *Je ne ſuis pas digne.* Voyez comme elle frape cette poitrine innocente, comme elle ſe reproche les moindres pechez, comme elle abbaiſſe cette teſte auguſte devant laquelle s'incline l'Univers. La terre, ſon origine & ſa ſepulture, n'eſt pas encore aſſez baſſe pour la recevoir : elle voudroit diſparoiſtre toute entiere devant la Majeſté du Roy des Rois. Dieu luy grave par une Foy vive dans le fonds du cœur ce
Iſai. 2. 10. que diſoit Iſaïe : *Cherchez des antres profonds, cachez-vous dans les ouvertures de la terre devant la face du Seigneur & devant la gloire d'une ſi haute Majeſté.*

Ne vous étonnez donc pas si elle est si humble sur le thrône. O spectacle merveilleux, & qui ravit en admiration le Ciel & la terre! Vous allez voir une Reine, qui, à l'exemple de David, attaque de tous costez sa propre grandeur, & tout l'orgueïl qu'elle inspire: vous verrez dans les paroles de ce grand Roy la vive peinture de la Reine, & vous en reconnoistrez tous les sentimens. *Domine, non est exaltatum cor meum! O Seigneur, mon cœur ne s'est point haussé!* voilà l'orgueïl attaqué dans sa source. *Neque elati sunt oculi mei; mes regards ne se sont pas élevez:* en voila l'ostentation & le faste réprimé. Ha, Seigneur, je n'ay pas eû ce dédain qui empesche de jetter les yeux sur les mortels trop rampans, & qui fait dire à l'ame arrogante: *Il n'y a que moy sur la terre.* Combien estoit éloignée la pieuse Reine de ces regards dédaigneux; & dans une si haute élevation, qui vit jamais paroistre en cette Princesse ou le moindre sentiment d'orgueïl ou le moindre air de mépris? David poursuit: *Neque ambulavi in magnis, neque in mira-*

Psal. 130.

Isai. 11.7.

bilibus ſuper me : Je ne marche point dans de vaſtes pensées, ni dans des merveilles qui me paſſent. Il combat icy les excés où tombent naturellement les grandes
Pſ. 73. 23. puiſſances. L'orgueïl, qui *monte toûjours,* aprés avoir porté ſes prétentions à ce que la grandeur humaine a de plus ſolide, ou plûtoſt de moins ruineux, pouſſe ſes deſſeins juſqu'à l'extravagance, & donne témerairement dans des projets inſenſez ; comme faiſoit ce Roy ſuperbe (digne figure de l'Ange rebelle) lors *qu'il diſoit en*
Iſai. 14. 14. *ſon cœur : Je m'éleveray audeſſus des nuës, je poſeray mon thrône ſur les aſtres, & je ſeray ſemblable au Tres-haut.* Je ne me perds point, dit David, dans de tels excés ; & voilà l'orgueïl mépriſé dans ſes égaremens. Mais aprés l'avoir ainſi rabatu dans tous les endroits par où il ſembloit vouloir s'élever, David l'aterre tout-à-fait par ces paroles : *Si*, dit-il, *je n'ay pas eû d'humbles ſentimens, & que j'aye exalté mon ame : Si non humiliter ſentiebam, ſed exaltavi animam meam ;* ou, comme traduit Saint Jerôme : *Si non ſilere feci animam meam : Si je n'ay pas fait taire mon ame :* ſi je

si je n'ay pas imposé silence à ces flateuses pensées qui se presentent sans cesse pour enfler nos cœurs. Et enfin il conclut ainsi ce beau Pseaume : *Sicut ablactatus ad matrem suam, sic ablactata est anima mea. Mon ame a esté*, dit-il, *comme un enfant sevré.* Je me suis arraché moy-mesme aux douceurs peu capables de me soustenir, pour donner à mon esprit une nourriture plus solide. Ainsi l'ame superieure domine de tous costez cette imperieuse grandeur, & ne luy laisse dorénavant aucune place. David ne donna jamais de plus beau combat. Non, mes freres, les Philistins défaits, & les Ours mesme dechirez de ses mains ne sont rien à comparaison de sa grandeur qu'il a domptée. Mais la sainte Princesse que nous célebrons, l'a égalé dans la gloire d'un si beau triomphe.

Elle sceût pourtant se prester au monde avec toute la dignité que demandoit sa grandeur. Les Rois doivent cét éclat à l'Univers, comme le Soleil luy doit sa lumiere; & pour le repos du genre humain, ils doivent soustenir une majesté qui n'eſt qu'un rayon de celle de Dieu. Il eſtoit aiſé à la Reine de faire ſentir une grandeur qui luy eſtoit naturelle. Elle eſtoit née dans une Cour où la majeſté ſe plaiſt à paroiſtre avec tout ſon appareil, & d'un pere qui ſceût conſerver avec une grace, comme avec une jalouſie particuliere, ce qu'on appelle en Eſpagne les couſtumes de qualité & les bienſeances du Palais. Mais elle aimoit mieux temperer la majeſté, & l'anéantir devant Dieu, que de la faire éclater devant les hommes. Ainſi nous la voyions courir aux Autels, pour y gouſter avec David un humble repos, & s'enfoncer dans ſon Oratoire, où malgré le tumulte de la Cour elle trouvoit le Carmel d'Elie, le deſert de Jean, & la montagne ſi ſouvent témoin des gemiſſemens de Jeſus.

J'ay appris de Saint Auguſtin que *l'ame attentive ſe fait elle-meſme une ſolitude. Gignit enim ſibi ipſa mentis intentio ſolitudinem.* Mais, mes Freres, ne nous flatons pas; il faut ſçavoir ſe donner des heures d'une ſolitude effective, ſi l'on veut conſerver les forces de l'ame. C'eſt icy qu'il faut admirer l'inviolable fidelite que la Reine gardoit à Dieu. Ni les divertissemens, ni les fatigues des voyages, ni aucune occupation ne luy faisoit perdre ces heures particulieres qu'elle destinoit à la méditation & à la priere. Auroit-elle esté si perseverante dans cét exercice, si elle n'y eust gousté la manne cachée que *nul ne connoist que celuy qui en ressent les saintes douceurs ? Manna absconditum quod nemo scit, nisi qui accipit.* C'est là qu'elle disoit avec David : *O Seigneur, vostre servante a trouvé son cœur pour vous faire cette priere ! Invenit servus tuus cor suum, ut oraret te oratione hac.* Où allez-vous, cœurs égarez ? Quoy mesme pendant la priere vous laissez errer vostre imagination vagabonde ; vos ambitieuses pensées vous reviennent devant Dieu ; elles font mesme le sujet de vostre priere ! Par l'effet du mesme transport qui vous fait parler aux hommes de vos prétentions, vous en venez encore parler à Dieu, pour faire servir le Ciel & la terre à vos interests. Ainsi, vostre ambition que la priere devoit éteindre, s'y échauffe : feu

Apoc. 3. 17.

2. Reg. 7. 27.

Pſal. 38. 4. bien different de celuy que *David ſentoit allumer dans ſa méditation.* Ha, plûtoſt puiſſiez-vous dire avec ce grand Roy, & avec la pieuſe Reine que nous honorons : *O Seigneur, voſtre ſerviteur a trouvé ſon cœur !* J'ay rappellé ce fugitif, & le voila tout entier devant voſtre face.

Apoc. 8. 3. Ange Saint, qui préſidiez à l'Oraiſon de cette ſainte Princeſſe, & qui portiez cét encens audeſſus des nuës pour le faire bruſler ſur l'Autel que Saint Jean a veû dans le Ciel, racontez-nous les ardeurs de ce cœur bleſſé de l'amour divin : faites-nous paroiſtre ces torrens de larmes que la Reine verſoit devant Dieu pour ſes pechez. Quoy donc, les ames innocentes ont-elles auſſi les pleurs & les amertumes de la penitence ? Oüi ſans doute, puis qu'il eſt écrit, que *rien n'eſt pur*
Job. 15. 15. *ſur la terre*, & que *celuy qui dit qu'il ne*
1 Joan. 1. 8. *peche pas ſe trompe luy-meſme.* Mais c'eſt des pechez legers : legers, par comparaiſon, je le confeſſe : legers en eux-meſmes ; la Reine n'en connoiſt aucun de cette nature. C'eſt ce que porte en ſon fonds toute ame innocente. La moindre ombre

se remarque sur ces vestemens qui n'ont pas encore esté salis, & leur vive blancheur en accuse toutes les taches. Je trouve icy les Chrestiens trop sçavans. Chrestien, tu sçais trop la distinction des pechez veniels d'avec les mortels. Quoy, le nom commun de peché ne suffira pas pour te les faire détester les uns & les autres? Sçais-tu que ces pechez qui semblent legers deviennent accablans par leur multitude & par les funestes dispositions qu'ils mettent dans les consciences? C'est ce qu'enseignent d'un commun accord tous les saints Docteurs aprés Saint Augustin & Saint Gregoire. Sçais-tu que les pechez qui seroient veniels par leur objet, peuvent devenir mortels par l'excés de l'attachement? Les plaisirs innocens le deviennent bien, selon la doctrine des Saints; & seuls ils ont pû damner le mauvais Riche pour avoir esté trop goustez. Mais qui sçait le degré qu'il faut pour leur inspirer ce poison mortel? Et n'est-ce pas une des raisons qui fait que David s'écrie, *Delicta quis intelligit? Qui peut connoistre ses pechez?* Que je hay donc ta vaine *Psal. 18. 13.*

ſcience, & ta mauvaiſe ſubtilité, ame témeraire qui prononces ſi hardiment : Ce peché que je commets ſans crainte eſt veniel. L'ame vrayment pure n'eſt pas ſi ſçavante. La Reine ſçait en général qu'il y a des pechez veniels, car la Foy l'enſeigne : mais la Foy ne luy enſeigne pas que les ſiens le ſoient. Deux choſes vous vont faire voir l'éminent degré de ſa vertu. Nous le ſçavons, CHRESTIENS, & nous ne donnons point de fauſſes loûanges devant ces Autels. Elle a dit ſouvent dans cette bienheureuſe ſimplicité qui luy eſtoit commune avec tous les Saints, qu'elle ne comprenoit pas comment on pouvoit commettre volontairement un ſeul peché, pour petit qu'il fuſt. Elle ne diſoit donc pas, Il eſt veniel : elle diſoit, Il eſt peché, & ſon cœur innocent ſe ſoulevoit. Mais comme il échape toûjours quelque peché à la fragilité humaine, elle ne diſoit pas, Il eſt leger : encore une fois, Il eſt peché, diſoit-elle. Alors penetrée des ſiens, s'il arrivoit quelque malheur à ſa perſonne, à ſa famille, à l'Etat, elle s'en accuſoit ſeule. Mais quels malheurs, direz-vous, dans cette grandeur & dans un si long cours de prosperitez? Vous croyez donc que les déplaisirs & les plus mortelles douleurs ne se cachent pas sous la pourpre, ou qu'un Royaume est un remede universel à tous les maux, un baume qui les adoucit, un charme qui les enchante? Au lieu que par un conseil de la Providence divine, qui sçait donner aux conditions les plus élevées leur contrepoids, cette grandeur que nous admirons de loin comme quelque chose audessus de l'homme, touche moins quand on y est né, ou se confond elle-mesme dans son abondance; & qu'il se forme au contraire parmi les grandeurs une nouvelle sensibilité pour les déplaisirs, dont le coup est d'autant plus rude, qu'on est moins préparé à le soustenir.

Il est vray que les hommes apperçoivent moins cette malheureuse délicatesse dans les ames vertueuses. On les croit insensibles, parce que non seulement elles sçavent taire, mais encore sacrifier leurs peines secrettes. Mais le Pere celeste se plaist à les regarder dans ce secret; &

comme il sçait leur préparer leur croix, il y mesure aussi leur récompense. Croyez-vous que la Reine pust estre en repos dans ces fameuses Campagnes qui nous apportoient coup sur coup tant de surprenantes nouvelles? Non, MESSIEURS: elle estoit toûjours tremblante, parce qu'elle voyoit toûjours cette précieuse vie dont la sienne dépendoit, trop facilement hazardée. Vous avez veû ses terreurs: vous parleray-je de ses pertes, & de la mort de ses chers enfans? Ils luy ont tous dechiré le cœur. Representons-nous ce jeune Prince que les Graces sembloient elles-mesmes avoir formé de leurs mains. Pardonnez-moy ces expressions. Il me semble que je voy encore tomber cette fleur. Alors triste messager d'un évenement si funeste, je fus aussi le témoin, en voyant le Roy & la Reine, d'un costé de la douleur la plus penetrante, & de l'autre des plaintes les plus lamentables; & sous des formes differentes, je vis une affliction sans mesure. Mais je vis aussi des deux costez la Foy également victorieuse; je vis le sacrifice agréable de l'ame humi-

liée

liée sous la main de Dieu, & deux victimes Royales immoler d'un commun accord leur propre cœur.

Pourray-je maintenant jetter les yeux sur la terrible menace du Ciel irrité, lors qu'il sembla si long-temps vouloir fraper ce Dauphin mesme, nostre plus chere esperance? Pardonnez-moy, MESSIEURS, pardonnez-moy, si je renouvelle vos frayeurs. Il faut bien, & je le puis dire, que je me fasse à moy-mesme cette violence, puis que je ne puis montrer qu'à ce prix la constance de la Reine. Nous vismes alors dans cette Princesse, au milieu des alarmes d'une Mere, la Foy d'une Chrestienne. Nous vismes un Abraham prest à immoler Isaac, & quelques traits de Marie quand elle offrit son Jesus. Ne craignons point de le dire, puis qu'un Dieu ne s'est fait homme que pour assembler autour de luy des exemples pour tous les états. La Reine pleine de foy ne se propose pas un moindre modele que Marie: Dieu luy rend aussi son fils unique qu'elle luy offre d'un cœur dechiré, mais soumis, & veut que nous luy devions encore une fois un ſi grand bien.

On ne ſe trompe pas, CHRESTIENS,
quand on attribuë tout à la Priere. Dieu
qui l'inſpire ne luy peut rien refuſer. *Un*
Pſal. 32. 16. *Roy*, dit David, *ne ſe ſauve pas par ſes*
armées, & le puiſſant ne ſe ſauve pas par
ſa valeur. Ce n'eſt pas auſſi aux ſages
conſeils qu'il faut attribuer les heureux
Prov. 19. 21. ſuccés. *Il s'éleve*, dit le Sage, *pluſieurs*
pensées dans le cœur de l'homme : recon-
noiſſez l'agitation & les penſées incertai-
nes des conſeils humains : *Mais*, pourſuit-il, *la volonté du Seigneur demeure*
ferme ; & pendant que les hommes déli-
berent, il ne s'exécute que ce qu'il ré-
Pſal. 75. 12. ſout. *Le terrible*, le Tout-puiſſant, *qui oſte*
13. quand il luy plaiſt *l'eſprit des Princes*, le
leur laiſſe auſſi quand il veut, pour les
Job. 5. 13. confondre davantage, & les *prendre dans*
1. Cor. 3. 19. *leurs propres fineſſes. Car il n'y a point de*
Prov. 21. 30. *prudence, il n'y a point de ſageſſe, il n'y a*
point de conſeil contre le Seigneur. Les Ma-
chabées eſtoient vaillans ; & néanmoins il
2. Mach. 15. eſt écrit, qu'*ils combatoient par leurs prie-*
25. *res* plus que par leurs armes : *Per orationes*
congreſſi ſunt : aſſeûrez par l'exemple de

Moïse, que les mains élevées à Dieu enfoncent plus de bataillons que celles qui frapent. Quand tout cedoit à LOUIS, & que nous crusmes voir revenir le temps des miracles, où les murailles tomboient au bruit des trompettes, tous les peuples jettoient les yeux sur la Reine, & croyoient voir partir de son Oratoire la foudre qui accabloit tant de villes.

Que si Dieu accorde aux prieres les prosperitez temporelles, combien plus leur accorde-t-il les vrais biens, c'est à dire, les vertus? Elles sont le fruit naturel d'une ame unie à Dieu par l'Oraison. L'Oraison qui nous les obtient, nous apprend à les pratiquer, non seulement comme necessaires, mais encore comme receûës *du Pere* Jac. I. 17. *des lumieres, d'où descend sur nous tout don parfait:* & c'est là le comble de la perfection, parce que c'est le fondement de l'humilité. C'est ainsi que MARIE TERESE attira par la Priere toutes les vertus dans son ame. Dés sa premiere jeunesse elle fut dans les mouvemens d'une Cour alors assez turbulente la consolation & le seul soustien de la vieillesse infirme

du Roy ſon pere. La Reine ſa belle-mere, malgré ce nom odieux, trouva en elle non ſeulement un reſpect, mais encore une tendreſſe, que ni le temps, ni l'éloignement n'ont pû alterer. Auſſi pleure-t-elle ſans meſure, & ne veut point recevoir de conſolation. Quel cœur, quel reſpect, quelle ſoumiſſion n'a-t-elle pas eûë pour le Roy : toûjours vive pour ce Grand Prince, toûjours jalouſe de ſa gloire, uniquement attachée aux intereſts de ſon Etat, infatigable dans les voyages, & heureuſe pourveû qu'elle fuſt en ſa compagnie ; Femme enfin où Saint Paul au-
Eph. 5. 24. roit veû l'Egliſe occupée de Jeſus-Chriſt, & unie à ſes volontez par une éternelle complaiſance ? Si nous oſions demander au grand Prince qui luy rend icy avec tant de pieté les derniers devoirs, quelle Mere il a perduë, il nous répondroit par ſes ſanglots, & je vous diray en ſon nom, ce que j'ay veû avec joye, ce que je répete avec admiration, que les tendreſſes inexplicables de MARIE TERESE tendoient toutes à luy inſpirer la Foy, la pieté, la crainte de Dieu, un attachement invio-

lable pour le Roy, des entrailles de misericorde pour les malheureux, une immuable perseverance dans tous ses devoirs, & tout ce que nous loûons dans la conduite de ce Prince. Parleray-je des bontez de la Reine tant de fois éprouvées par ses domestiques, & feray-je retentir encore devant ces Autels les cris de sa Maison desolée? Et vous, pauvres de Jesus-Christ, pour qui seuls elle ne pouvoit endurer qu'on luy dist que ses tresors estoient épuisez; vous premierement, pauvres volontaires, victimes de Jesus-Christ, Religieux, vierges sacrées, ames pures dont le monde n'estoit pas digne; & vous, pauvres, quelque nom que vous portiez, pauvres connus, pauvres honteux, malades, impotens, estropiez, *restes d'hommes*, pour parler avec Saint Gregoire de Nazianze, car la Reine respectoit en vous tous les caracteres de la Croix de Jesus-Christ: vous donc qu'elle assistoit avec tant de joye, qu'elle visitoit avec de si saints empressemens, qu'elle servoit avec tant de foy, heureuse de se dépoüiller d'une majesté empruntée, & d'adorer dans

Orat. 16.

voſtre baſſeſſe la glorieuſe pauvreté de Jeſus-Chriſt : quel admirable panegyrique prononceriez-vous par vos gemiſſemens à la gloire de cette Princeſſe, s'il m'eſtoit permis de vous introduire dans cette auguſte Aſſemblée ? Recevez, Pere Abraham, dans voſtre ſein cette héritiere de voſtre Foy ; comme vous, ſervante des pauvres, & digne de trouver en eux, non plus des Anges, mais Jeſus-Chriſt meſme. Que diray-je davantage ? Ecoutez tout en un mot : Fille, Femme, Mere, Maiſtreſſe, Reine telle que nos vœux l'auroient pû faire, plus que tout cela Chreſtienne, elle accomplit tous ſes devoirs ſans préſomption, & fut humble non ſeulement parmi toutes les grandeurs, mais encore parmi toutes les vertus.

J'expliqueray en peu de mots les deux autres noms que nous voyons écrits ſur la colonne myſterieuſe de l'Apocalypſe, & dans le cœur de la Reine. Par le nom
Apoc. 3. 12. de la *ſainte Cité de Dieu la nouvelle Jeruſalem*, vous voyez bien, MESSIEURS, qu'il faut entendre le nom de l'Egliſe Ca-
1. Pet. 2. 4. 5. tholique, Cité ſainte dont toutes *les pierres*

sont vivantes, dont Jesus-Christ est le fondement; qui *descend du Ciel* avec luy, Apoc. 3. 12. parce qu'elle y est renfermée comme dans le Chef dont tous les membres reçoivent leur vie; Cité qui se répand par toute la terre, & s'éleve jusqu'aux Cieux pour y placer ses citoyens. Au seul nom de l'Eglise, toute la Foy de la Reine se réveilloit. Mais une vraye fille de l'Eglise, non contente d'en embrasser la sainte doctrine, en aime les observances, où elle fait consister la principale partie des pratiques exterieures de la pieté.

L'Eglise inspirée de Dieu, & instruite par les saints Apostres, a tellement disposé l'année, qu'on y trouve avec la vie, avec les mysteres, avec la prédication & la doctrine de Jesus-Christ, le vray fruit de toutes ces choses dans les admirables vertus de ses serviteurs, & dans les exemples de ses Saints, & enfin, un mysterieux abregé de l'Ancien & du Nouveau Testament & de toute l'Histoire Ecclesiastique. Par là toutes les saisons sont fructueuses pour les Chrestiens; tout y est plein de Jesus-Christ, qui est toûjours

Is. 9. 6. *admirable*, selon le Prophete, & non seu-
Psal. 67. 36. lement en luy-mesme, mais encore *dans*
Luc. 10. 42. *ses Saints.* Dans cette varieté qui aboutit toute à l'unité sainte tant recommandée par Jesus-Christ, l'ame innocente & pieuse trouve avec des plaisirs celestes une solide nourriture, & un perpetuel renouvellement de sa ferveur. Les jeusnes y sont meslez dans les temps convenables, afin que l'ame toûjours sujete aux tentations & au peché, s'affermisse & se purifie par la penitence. Toutes ces pieuses observances avoient dans la Reine l'effet bienheureux que l'Eglise mesme demande : elle se renouvelloit dans toutes les Festes, elle se sacrifioit dans tous les jeusnes & dans toutes les abstinences. L'Espagne sur ce sujet a des coustumes que la France ne suit pas; mais la Reine se rangea bientost à l'obéïssance : l'habitude ne put rien contre la regle; & l'extréme exactitude de cette Princesse marquoit la délicatesse de sa conscience. Quel autre a mieux profi-
Luc. 10. 16. té de cette parole, *Qui vous écoute m'écoute?* Jesus-Christ nous y enseigne cette excellente pratique de marcher dans les voyes

voyes de Dieu ſous la conduite particuliere de ſes ſerviteurs qui exercent ſon autorité dans ſon Egliſe. Les Confeſſeurs de la Reine pouvoient tout ſur elle dans l'exercice de leur miniſtere, & il n'y avoit aucune vertu où elle ne puſt eſtre élevée par ſon obéïſſance. Quel reſpect n'avoit-elle pas pour le Souverain Pontife Vicaire de Jeſus-Chriſt & pour tout l'Ordre Eccleſiaſtique? Mais ſur tout, qui pourroit dire combien de larmes luy ont couſté ces diviſions toûjours trop longues, & dont on ne peut demander la fin avec trop de gemiſſemens? Le nom meſme & l'ombre de diviſion faiſoit horreur à la Reine, comme à toute ame pieuſe. Mais qu'on ne s'y trompe pas: le Saint Siege ne peut jamais oublier la France, ni la France manquer au Saint Siege. Et ceux qui pour leurs intereſts particuliers, couverts, ſelon les maximes de leur politique, du prétexte de pieté, ſemblent vouloir irriter le Saint Siege contre un Royaume qui en a toûjours eſté le principal ſouſtien ſur la terre, doivent penſer: qu'une Chaire ſi éminente, à qui Jeſus-Chriſt a tant donné, ne veut pas estre flatée par les hommes, mais honorée selon la regle avec une soumission profonde ; qu'elle est faite pour attirer tout l'Univers à son unité, & y rappeller à la fin tous les Herétiques ; & que ce qui est excessif, loin d'estre le plus attirant, n'est pas mesme le plus solide ni le plus durable.

Avec le Saint nom de Dieu & avec le nom de la Cité sainte la nouvelle Jerusalem, je voy, MESSIEURS, dans le cœur de nostre pieuse Reine le nom nouveau du Sauveur. Quel est, Seigneur, vostre nom nouveau, sinon celuy que vous
Joan. 6. 48. 56. expliquez, quand vous dites, *Je suis le*
Matth. 26. 26. *pain de vie* ; &, *Ma chair est vrayment viande* ; &, *Prenez, mangez, cecy est mon Corps ?* Ce nom nouveau du Sauveur est celuy de l'Eucharistie, nom composé de bien & de grace ; qui nous montre dans cét adorable Sacrement une source de misericorde, un miracle d'amour, un mémorial & un abregé de toutes les graces, & le Verbe mesme tout changé en grace & en douceur pour ses Fideles. Tout est nouveau dans ce
Matth. 26. 28. 29. mystere : c'est le *nouveau Testament* de nostre Sauveur, & on commence à y boire ce

vin nouveau dont la celeste Jerusalem est transportée. Mais pour le boire dans ce lieu de tentation & de peché, il s'y faut préparer par la penitence. La Reine frequentoit ces deux Sacremens avec une ferveur toûjours nouvelle. Cette humble Princesse se sentoit dans son état naturel quand elle estoit comme pecheresse aux pieds d'un Prestre, y attendant la misericorde & la sentence de Jesus-Christ. Mais l'Eucharistie estoit son amour : toûjours affamée de cette viande celeste, & toûjours tremblante en la recevant, quoy-qu'elle ne pust assez communier pour son desir, elle ne cessoit de se plaindre humblement & modestement des Communions frequentes qu'on luy ordonnoit. Mais qui eust pû refuser l'Eucharistie à l'innocence, & Jesus-Christ à une foy si vive & si pure ? La regle que donne Saint Augustin est de moderer l'usage de la Communion quand elle tourne en dégoust. Icy on voyoit toûjours une ardeur nouvelle, & cette excellente pratique de chercher dans la Communion la meilleure préparation, comme la plus parfaite action de graces pour la

Communion meſme. Par ces admirables pratiques cette Princeſſe eſt venuë à ſa derniere heure ſans qu'elle euſt beſoin d'apporter à ce terrible paſſage une autre préparation que celle de ſa ſainte vie ; & les hommes toûjours hardis à juger les autres ſans épargner les Souverains, car on n'épargne que ſoy-meſme dans ſes jugemens , les hommes, dis-je , de tous les états , & autant les gens de bien que les autres, ont veû la Reine emportée avec une telle précipitation dans la vigueur de ſon âge, ſans eſtre en inquietude pour ſon ſalut. Apprenez donc , CHRESTIENS , & vous principalement qui ne pouvez vous accouſtumer à la penſée de la mort : en attendant que vous mépriſiez celle que Jeſus-Chriſt a vaincuë, ou meſme que vous aimiez celle qui met fin à nos pechez & nous introduit à la vraye vie ; apprenez à la deſarmer d'une autre ſorte, & embraſſez la belle pratique, où ſans ſe mettre en peine d'attaquer la mort, on n'a beſoin que de s'appliquer à ſanctifier ſa vie.

La France a veû de nos jours deux Reines plus unies encore par la pieté que par le sang, dont la mort également précieuse devant Dieu, quoy-qu'avec des circonstances differentes, a esté d'une singuliere édification à toute l'Eglise. Vous entendez bien que je veux parler d'ANNE D'AUSTRICHE, & de sa chere niece, ou plûtost de sa chere fille MARIE TERESE. ANNE, dans un âge déja avancé, & MARIE TERESE dans sa vigueur, mais toutes deux d'une si heureuse constitution, qu'elle sembloit nous promettre le bonheur de les posseder un siecle entier, nous sont enlevées contre nostre attente, l'une par une longue maladie, & l'autre par un coup impréveû. ANNE avertie de loin par un mal aussi cruel qu'irremediable, vit avancer la mort à pas lents, & sous la figure qui luy avoit toûjours paru la plus affreuse : MARIE TERESE aussitost emportée que frapée par la maladie, se trouve toute vive & toute entiere entre les bras de la mort sans presque l'avoir envisagée. A ce fatal avertissement ANNE pleine de foy ramasse toutes les forces qu'un long exercice de la pieté luy avoit aquises, &

regarde sans se troubler toutes les approches de la mort. Humiliée sous la main de Dieu elle luy rend graces de l'avoir ainsi avertie; elle multiplie ses aumosnes toûjours abondantes; elle redouble ses dévotions toûjours assiduës; elle apporte de nouveaux soins à l'examen de sa conscience toûjours rigoureux. Avec quel renouvellement de foy & d'ardeur luy vismes-nous recevoir le saint Viatique? Dans de semblables actions, il ne fallut à MARIE TERESE que sa ferveur ordinaire: sans avoir besoin de la mort pour exciter sa pieté, sa pieté s'excitoit toûjours assez elle-mesme, & prenoit dans sa propre force un continuel accroissement. Que dirons-nous, CHRESTIENS, de ces deux Reines? Par l'une Dieu nous apprit comment il faut profiter du temps, & l'autre nous a fait voir que la vie vrayment Chrestienne n'en a pas besoin. En effet, CHRESTIENS, qu'attendons-nous? Il n'est pas digne d'un Chrestien de ne s'évertuer contre la mort qu'au moment qu'elle se presente pour l'enlever. Un Chrestien toûjours attentif à combatre ses passions *meurt tous les jours* avec l'Apostre : *Quotidie morior.* Un Chrestien n'est jamais vivant sur la terre, parce qu'il y est toûjours mortifié , & que la mortification est un essay, un apprentissage, un commencement de la mort. Vivons-nous , CHRESTIENS , vivons-nous ? Cét âge que nous comptons, & où tout ce que nous comptons n'est plus à nous, est-ce une vie : & pouvons-nous n'appercevoir pas ce que nous perdons sans cesse avec les années ? Le repos & la nourriture ne sont-ils pas de foibles remedes de la continuelle maladie qui nous travaille ? Et celle que nous appellons la derniere, qu'est-ce autre chose, à le bien entendre, qu'un redoublement, & comme le dernier accés du mal que nous apportons au monde en naissant ? Quelle santé nous couvroit la mort que la Reine portoit dans le sein ? De combien prés la menace a-t-elle esté suivie du coup ? Et où en estoit cette grande Reine avec toute la majesté qui l'environnoit, si elle eust esté moins préparée ? Tout d'un coup on voit arriver le moment fatal, où la terre n'a plus rien pour elle que des pleurs. Que

1. Cor. 15. 31.

peuvent tant de fideles domeſtiques empreſſez autour de ſon lit? Le Roy meſme que pouvoit-il, luy, MESSIEURS, luy qui ſuccomboit à la douleur avec toute ſa puiſſance & tout ſon courage? Tout ce qui environne ce Prince, l'accable. Monſieur, Madame venoient partager ſes déplaiſirs, & les augmentoient par les leurs. Et vous, MONSEIGNEUR, que pouviez-vous que de luy percer le cœur par vos ſanglots? Il l'avoit aſſez percé par le tendre reſſouvenir d'un amour qu'il trouvoit toûjours également vif aprés vingt-trois ans écoulez. On en gemit, on en pleure; voilà ce que peut la terre pour une Reine ſi cherie: voilà ce que nous avons à luy donner, des pleurs, des cris inutiles. Je me trompe, nous avons encore des prieres; nous avons ce ſaint Sacrifice, rafraiſchiſſement de nos peines, expiation de nos ignorances, & des reſtes de nos pechez. Mais ſongeons que ce Sacrifice d'une valeur infinie, où toute la Croix de Jeſus eſt renfermée, ce Sacrifice ſeroit inutile à la Reine, ſi elle n'avoit merité par ſa bonne vie que l'effet en puſt paſſer juſ-

qu'à

qu'à elle : autrement, dit Saint Augustin, qu'opere un tel Sacrifice ? Nul soulagement pour les morts ; une foible consolation pour les vivans. Ainsi tout le salut vient de cette vie, dont la fuite précipitée nous trompe toûjours. *Je viens*, dit Jesus-Christ, *comme un voleur.* Il a fait selon sa parole ; il est venu surprendre la Reine dans le temps que nous la croyions la plus saine, dans le temps qu'elle se trouvoit la plus heureuse. Mais c'est ainsi qu'il agit : il trouve pour nous tant de tentations & une telle malignité dans tous les plaisirs, qu'il vient troubler les plus innocens dans ses Eleûs. Mais il vient, dit-il, *comme un voleur*, toûjours surprenant, & impenetrable dans ses démarches. C'est luy-mesme qui s'en glorifie dans toute son Ecriture. Comme un voleur, direz-vous, indigne comparaison ! N'importe, qu'elle soit indigne de luy, pourveû qu'elle nous effraye, & qu'en nous effrayant elle nous sauve. Tremblons donc, CHRESTIENS, tremblons devant luy à chaque moment ; car qui pourroit ou l'éviter quand il éclate, ou le découvrir quand il se cache ?

Apoc. 3. 3. 16. 15.

Luc. 17. 26. 28. *Ils mangeoient*, dit-il, *ils beuvoient, ils achetoient, ils vendoient, ils plantoient, ils baſtiſſoient, ils faiſoient des Mariages aux jours de Noé & aux jours de Loth*, & une ſubite ruine les vint accabler. Ils mangeoient, ils beuvoient, ils ſe marioient. C'eſtoit des occupations innocentes : que ſera-ce quand en contentant nos impudiques deſirs, en aſſouviſſant nos vengeances & nos ſecrettes jalouſies, en accumulant dans nos coffres des treſors d'iniquité ſans jamais vouloir ſeparer le bien d'autruy d'avec le noſtre, trompez par nos plaiſirs, par nos jeux, par noſtre ſanté, par noſtre jeuneſſe, par l'heureux ſuccés de nos affaires, par nos flateurs parmi leſquels il faudroit peut-eſtre compter des Directeurs infideles que nous avons choiſis pour nous ſéduire, & enfin par nos fauſſes penitences qui ne ſont ſuivies d'aucun changement de nos mœurs, nous viendrons tout-à-coup au dernier
Ezech. 7. 2. jour. La ſentence partira d'enhaut : *La fin eſt venuë, la fin eſt venuë. Finis venit, venit finis. La fin eſt venuë ſur vous. Nunc finis ſuper te* : tout va finir pour vous en

ce moment. Tranchez, *concluez. Fac conclusionem.* Frapez l'arbre infructueux qui n'est plus bon que pour le feu : *Coupez l'arbre, arrachez ses branches, secoüez ses feüilles, abbatez ses fruits:* périsse par un seul coup tout ce qu'il avoit avec luy-mesme. Alors s'éleveront des frayeurs mortelles, & des grincemens de dents, préludes de ceux de l'enfer. Ha, mes freres, n'attendons pas ce coup terrible ! Le glaive qui a tranché les jours de la Reine est encore levé sur nos testes ; nos pechez en ont affilé le tranchant fatal. *Le glaive que je tiens en main, dit le Seigneur nostre Dieu, est aiguisé & poli : il est aiguisé, afin qu'il perce ; il est poli & limé, afin qu'il brille.* Tout l'Univers en voit le brillant éclat. Glaive du Seigneur, quel coup vous venez de faire ! Toute la terre en est étonnée. Mais que nous sert ce brillant qui nous étonne, si nous ne prévenons le coup qui tranche ? Prévenons-le, CHRESTIENS, par la penitence. Qui pourroit n'estre pas émeû à ce spectacle ? Mais ces émotions d'un jour qu'operent-elles ? Un dernier endurcissement, parce qu'à force d'estre

Ibid. 23.

Dan. 4. 11.

Ezech. 21. 9. & 10.

touché inutilement, on ne ſe laiſſe plus toucher d'aucun objet. Le ſommes-nous des maux de la Hongrie & de l'Auſtriche ravagées? Leurs habitans paſſez au fil de l'épée, & ce ſont encore les plus heureux; la captivité entraiſne bien d'autres maux & pour le corps & pour l'ame: ces habitans deſolez ne ſont-ce pas des Chreſtiens & des Catholiques, nos freres, nos propres membres, enfans de la meſme Egliſe, & nourris à la meſme table du pain de vie? Dieu accomplit ſa parole: *Le jugement commence par ſa maiſon*, & le reſte de la maiſon ne tremble pas! CHRESTIENS, laiſſez-vous flechir, faites penitence, appaiſez Dieu par vos larmes. Ecoutez la pieuſe Reine qui parle plus haut que tous les Prédicateurs. Ecoutez-la, Princes; écoutez-la, peuples; écoutez-la, MONSEIGNEUR, plus que tous les autres. Elle vous dit par ma bouche & par une voix qui vous eſt connuë, que la grandeur eſt un ſonge, la joye une erreur, la jeuneſſe une fleur qui tombe, & la ſanté un nom trompeur. Amaſſez donc les biens qu'on ne peut

1. Pet. 4. 17.

perdre. Prestez l'oreille aux graves discours que Saint Gregoire de Nazianze adressoit aux Princes & à la Maison regnante. *Respectez*, leur disoit-il, *vostre pourpre*, respectez vostre puissance qui vient de Dieu, & ne l'employez que pour le bien. *Connoissez ce qui vous a esté confié, & le grand mystere que Dieu accomplit en vous. Il se réserve à luy seul les choses d'enhaut; il partage avec vous celles d'embas: montrez-vous Dieux aux peuples soumis*, en imitant la bonté & la munificence divine. C'est, MONSEIGNEUR, ce que vous demandent ces empressemens de tous les peuples, ces perpetuels applaudissemens & tous ces regards qui vous suivent. Demandez à Dieu avec Salomon, la Sagesse qui vous rendra digne de l'amour des peuples & du Thrône de vos Ancestres; & quand vous songerez à vos devoirs, ne manquez pas de considerer à quoy vous obligent les immortelles actions de LOUIS LE GRAND & l'incomparable pieté de MARIE TERESE.

Orat. 27. *Sap. 9.*

EXTRAIT DU PRIVILEGE.

PAR Lettres Patentes du Roy données à Chaville le 12. Aoust 1682. signées JUNQUIERES, & scellées du grand Sceau de cire jaune, il est permis à Messire JACQUES BENIGNE BOSSUET Evesque de Meaux, Conseiller du Roy en ses Conseils, cy-devant Précepteur de Monseigneur le DAUPHIN, premier Aumosnier de Madame la DAUPHINE, de faire imprimer par tel Imprimeur qu'il voudra choisir, en telle forme & de tel caractere qu'il trouvera bon, *tous les Livres qu'il aura composez, ou qu'il jugera à propos de faire imprimer pour l'utilité publique,* & ce pendant vingt années, à compter du jour que chacun desdits ouvrages sera achevé d'imprimer. Fait Sa Majesté tres-expresses défenses à tous Imprimeurs ou Libraires autres que celuy qui aura esté choisi par ledit Seigneur Evesque, & à toutes personnes, de quelque qualité ou condition qu'elles soient, d'imprimer ou faire imprimer lesdits Livres, sous quelque prétexte que ce soit, mesme de traduction, à peine de six mille livres d'amende, payable sans déport par chacun des contrevenans, de confiscation des exemplaires contrefaits, & de tous dépens, dommages & interests, comme il est porté plus amplement par lesdites Lettres.

Registré sur le Livre de la Communauté des Imprimeurs & Libraires de Paris, le dix-septiéme Aoust mil six cens quatre-vingts-deux. Signé, C. ANGOT, Sindic.

L'Oraison Funébre de la Reine a esté achevée d'imprimer le 12. Octobre 1683.

www.ingramcontent.com/pod-product-compliance
Ingram Content Group UK Ltd.
Pitfield, Milton Keynes, MK11 3LW, UK
UKHW020417180726
13839UKWH00003B/1334